Barbara Thöner & Rudolf Schmid

Mühlhiasl - Prophet des Bayerischen Waldes

Die Visionen des „Sehers von Rabenstein", Prophezeiungen und Legende in Bild und Text.

Ohetaler-Verlag
D- 94566 Riedlhütte

Impressum
2016
Mühlhiasl - Prophet des Bayerischen Waldes
Autorin
Barbara Thöner
Illustration
Rudolf Schmid
Fotos
Barbara und Franz Thöner
Titelgestaltung
Rudolf Michael Schmid
Herausgeber
Ohetaler-Verlag, Heimatverein d'Ohetaler Riedlhütte e.V.
Kühbergweg 28, 94566 Riedlhütte
Tel. 08552 / 4200
www.ohetaler-verlag.de, e-mail: ohetaler-verlag@gmx.de

ISBN 978-3-95511-058-1

Vorwort

Die bekannteste, sagenumwobenste Gestalt des Bayerischen Waldes dürfte der Waldprophet Mühlhiasl sein. Seit Jahrhunderten beschäftigt er die Menschen, die nur zu gern davon erfahren möchten, wie sich die Zukunft gestalten wird. Verheerende Kriege, technische Errungenschaften und vieles mehr soll er vorhergesehen haben. Im Volksmund weiterverbreitet und ausgeschmückt erlangten seine Prophezeiungen hohen Stellenwert. Viele Schriftsteller sahen sich dazu berufen, seine Geschichte neu zu erfinden und zu Papier zu bringen. Wissenschaftler setzten sich mit seiner Existenz auseinander und gelangten zu unterschiedlichen Ergebnissen. Man ist sich weder über seinen Namen einig, noch ob es sich um einen Viehhüter aus Rabenstein oder um einen Müller aus Hunderdorf handeln könnte. Vielleicht wurde er von findigen Menschen erdacht, um mit den furchterregenden Zukunftsvisionen das Volk zur Besinnung zu bringen. Er könnte aber auch Teil einer Wandersage sein, die an immer neuen Orten für gesteigerte Aufmerksamkeit sorgte, denn lokale Weissagungen beeindruckten die Leute mehr, als ein Orakel aus der Ferne.

All die verschiedenen Erkenntnisse über den Mühlhiasl nicht beachtend, malte mein Vater Rudolf Schmid die am weitesten verbreitete Geschichte über den Propheten auf Glas, die sich die Alten schon erzählten. Mit Bleistift und Pinsel zauberte er geradezu ein bildgewaltiges Andenken. Die angewandten Silikatfarben ziehen den Betrachter je nach Lichteinfall auf allerlei Weise in ihren Bann. Mal vor Leuchtkraft strotzend und fröhlich strahlend, wirken sie heiter. Lässt das Tageslicht nach, erscheinen sie mystisch und lassen die schweren Zeiten vergangener Generationen erahnen.

In der Gläsernen Scheune in Rauhbühl bei Viechtach/Bayerischer Wald kann das monumentale Gemälde besichtigt werden.

Mit dem vorliegenden Buch werden Legende und Bild harmonisch vereint.

Eine schaurig-schöne Entdeckungsreise wünscht Barbara Thöner

Eine Legende über den Mühlhiasl

Es war einmal vor langer Zeit, als die Straßen noch nicht geteert waren und die Bauern auf träge dahinrollenden Ochsenkarren ihre Ernte einbrachten. Im Frühling flößte man Bäume auf angeschwollenen Bächen zu Tal und im Winter musste so mancher Bewohner des Bayerischen Waldes weite Strecken zu Fuß im Schnee zurücklegen, um ins nächste Dorf zu gelangen. Wertvolle Güter wurden mit dem Pferdegespann transportiert. Fuhrwerke, mit Salz beladen, fanden ihren Weg in das Mittelgebirge, andere zogen mit handgefertigtem, edlen Glas, das hier hergestellt wurde, bis nach St. Petersburg an den Zarenhof. Die Lebensumstände waren bescheiden, die Behausungen schlicht und das Essen einfach. Zu dieser Zeit gingen die Leute sonntags mit dem guten Gewand zur Kirche, beteten ehrfürchtig und bemühten sich, redliche Diener Gottes zu sein. Nachbarschaftshilfe wurde damals groß geschrieben – einer konnte sich auf den anderen verlassen. Die vom Pfarrer gepredigte Nächstenliebe war jedoch nicht so leicht umzusetzen – Missgunst und Argwohn waren schon immer die Begleiter vieler Menschen.

Im Waldgebirge war es üblich, dass die Rinder für mehrere Monate auf den Viehweiden oben auf den Bergen, den sogenannten Schachten, den Sommer verbrachten. Stierhüter kümmerten sich um die Tiere und bewachten sie. Die Männer hausten in derben Hütten, hatten oft wochenlang keinen Kontakt zur Außenwelt. Mit sich, den Tieren und der Natur alleine, hatten sie ein besonderes Gespür für Veränderungen, einen untrüglichen Instinkt.

So trug es sich zu, dass der Buchinger aus Rabenstein mit seinem Gehilfen und einer Viehherde schon einige Zeit auf dem Falkenstein verweilt hatte, als ihm auffiel, dass die Rinder unruhig wurden. Sie liefen hin und her, stampften mit den Hufen auf den Boden – ein sicheres Zeichen dafür, dass sich ein Raubtier in der Nähe aufhielt. Plötzlich sah Buchinger einen Bären durchs Unterholz streifen und witternd die Nase in die Luft halten. Der Mann schickte seinen Gehilfen an, zwei Peitschen aus der Hütte zu holen. Mit lautem Geißelschnalzen wollten sie den Eindringling vertreiben und schwangen die Lederriemen kräftig durch die Luft. Es knallte und zischte, aber der Bär ließ sich nicht einschüchtern.

Die einzige Möglichkeit das Überleben aller Rinder zu sichern bestand nun darin, die Herde ins Tal zu treiben. Während der Gehilfe mit den Tieren den Heimweg antrat und schon fast zwischen den Bäumen verschwunden war, eilte Buchinger noch einmal zur Hütte. Als er sie wieder verließ, befand sich der Bär unmittelbar vor ihm, stellte sich auf die Hinterbeine und brummte. Buchinger erschreckte sich fast zu Tode, sodass ihm die Peitsche aus der Hand fiel. Kreidebleich war sein Antlitz, unfähig jeder Bewegung wusste er nicht wohin er sich wenden sollte. Sein starrer Blick erkannte stattdessen, dass dieses gewaltige Raubtier, größer als er selbst, eine Kette um den Hals trug. Es versuchte nicht näher zu kommen, sondern Buchinger gewann den Eindruck, dass der Bär ihm eine Botschaft mitteilen wollte. Vorsichtig ging der Mann einige Schritte rückwärts, drehte sich schließlich um und marschierte davon.

Das Pelztier trottete hinter ihm her, bis sie eine Lichtung erreicht hatten. Ein Reh floh über die Wiese, der Wind rauschte in den Bäumen. Es schien, als würden alle Vögel dieser Welt in den Himmel fliegen, so viele von ihnen erhoben sich in die Lüfte. Buchinger blieb stehen, blickte unvermittelt nach oben und beobachtete für einen Moment das seltsame Schauspiel. Gleich darauf erinnerte er sich wieder an den Bären, der ihm noch immer folgte und scheinbar keine Rast duldete. Der Pfad führte an einer mächtigen, knorrigen Buche vorbei. Als der Mann um sie herum ging, saß an ihren Stamm gelehnt ein kleiner Junge, der ihn freundlich ansprach. Er erzählte dem Alten, dass er nicht recht wüsste wohin er sich wenden sollte. Daraufhin beschloss der Wildhüter, den Jungen mit nach Hause zu nehmen. Als er nach dem Bären sehen wollte, stellte er fest, dass sich dieser über die Lichtung entfernte.

Froh darüber, das Untier endlich los zu sein, bot er dem Kind an, es auf dem Rücken zu tragen, da es einen müden Eindruck machte. Gerne nahm es dieses Angebot an und klammerte sich mit seinen Ärmchen am Hals des Buchingers fest. Bald schlief es ein, rutschte nach hinten und drückte den Mann so arg an der Kehle, dass er sich von einem Waldschratz in Besitz genommen fühlte. Die Bewohner des Bayerwaldes glaubten fest an Geister und Hexen, weshalb dem Alten bald Angst und Bang wurde. Inzwischen war die Nacht hereingebrochen, sodass im Zwielicht knorrige Bäume wie hämisch grinsende Gesichter aussahen und alte Wurzeln nach ihm zu greifen schienen. Seine Schritte wurden schneller, das schlafende Kind auf seinem Rücken immer schwerer.

Bald war er im Dorf angelangt und froh darüber, die ärmliche Hütte zu sehen, die er mit seiner Frau bewohnte. Schwitzend und schwer atmend trat er in die Stube und setzte den Buben auf einen Schemel. Die Buchingerin leuchtete mit einem brennenden Kienspan, um den ungebetenen Gast besser sehen zu können. Im mystisch flackernden Licht sah der Kropf an ihrem Hals beängstigend aus. Sie schimpfte mit ihrem Mann, weil er den Buben mitgebracht hatte. Wer sollte ihn ernähren, wollte sie von ihm wissen, wo doch das magere Einkommen für das Ehepaar selber kaum reichte. Aber ihr Gatte konnte sie beschwichtigen. Der Wind hatte sich zu einem Sturm entwickelt, deshalb solle sie das Kind nicht in die Nacht schicken, sondern den nächsten Tag abwarten.

Der Junge tat in den folgenden Stunden kein Auge zu. Er stand stumm am Fenster und beobachtete, wie die Wolken über den Himmel fegten; ab und zu kam der Mond zum Vorschein und erhellte die schaurige Szenerie. Gewaltige Böen entwurzelten ganze Bäume und Büsche wirbelten durch die Luft. Sie rüttelten heftig an der kleinen Hütte, deren Balken ächzten und knackten. Wenn sie zwischen den Ritzen hindurchbliesen, flackerte das Kerzenlicht am Tisch. Am Horizont hatte ein Blitz eingeschlagen und ließ die Fichten lichterloh brennen. Der Wald war von einem Höllenlärm erfüllt und es schien, als würde die „Wilde Jagd" über das Firmament sausen – als ob Hexen und Geister auf ihren Teufelspferden über Wolkenfelder galoppierten, sich mit dem Orkan vereinten und das Wäldermeer kurz und klein stutzten.

Tränen füllten die Augen des Knaben, er weinte leise vor sich hin; wusste er doch, dass sein Bär da draußen in der schaurigen Nacht zu Tode gekommen war.

In dieser Schreckensnacht gebar eine Frau ein Kind mit Feuermalen am ganzen Körper. Hebamme und Mutter deuteten dies als schlechtes Omen für die nahe Zukunft.

Am Morgen danach zeigte sich den Rabensteinern das komplette Ausmaß der Verwüstung, die der Sturm angerichtet hatte. Kaum ein Baum, der nicht zu Schaden gekommen war, Häuser abgedeckt und auch die Glashütte ohne Dach. Zerborstene Balken und kaputte Glasöfen machten deutlich, dass hier für eine Weile kein Glas geschmolzen und verarbeitet werden konnte. Die Glasarbeiter mussten selbst mit Hand anlegen, damit die Hütte so schnell wie möglich wieder aufgebaut wurde. Schließlich verdienten sie dort ihr täglich Brot und sicherten damit das Überleben ihrer Familien.

Einige Männer aus dem Dorf versäumten keine Zeit und begannen umgehend mit den Aufräumungsarbeiten im Wald. Dabei fanden sie an einer Buche eine erhängte Frau – eine Zigeunerin. Die grausige Szene, die sich ihnen bot, bestürzte sie sehr. Sie bekreuzigten sich und sprachen ein Gebet, bevor sie die Frau vom Baum herunter holten und auf den Dorfplatz brachten. Wie ein Lauffeuer verbreitete sich dort die Kunde von der Toten. Alle eilten zu ihr und versammelten sich, um einen neugierigen Blick auf sie zu werfen. Auch das Findelkind kam herbei und erkannte die Tote als seine Mutter. Es stürzte sich auf sie und weinte bitterlich. Daraufhin wollte ein junger Mann das Kind beruhigen und es auf die Beine stellen.

Aber der Kleine wehrte sich und schrie ihn mit aufgeregter Stimme an: „Morgen wirst du hier liegen – an der gleichen Stelle!" Der Hüttenherr stand breitbeinig daneben, mit seiner schneidigen Weste und den silbern glänzenden Talern daran. In der linken Hand hielt er einen Stock und die Rechte steckte in der Hosentasche. Er beobachtete verwundert das Geschehen.

Die folgende Nacht war nicht weniger schaurig, als man die Zigeunerin im Wald begrub. Das Licht der Fackel zauberte mystische Schatten an die Bäume. Gar gespenstisch war den Männern zumute, während sie das Grab ausschaufelten, die Tote hineinlegten und wieder mit Erde bedeckten. In einem fort flüsterten sie leise Gebete vor sich hin und bekreuzigten sich wiederholt.

Bei den Waldarbeiten erschlug am nächsten Tag ein Baum den jungen Mann, dem das Kind bereits seinen Tod vorausgesagt hatte. Als man ihn auf den Dorfplatz brachte, liefen alle Einwohner herbei, um sich von der schrecklichen Wahrheit zu überzeugen. Sie beteten und weinten. Jedoch zog bald ein Munkeln und Raunen durch die Reihen. Als der Hüttenherr, der mächtigste Mann im Dorf, den Schauplatz betrat, begehrten die Gemüter auf und einige Leute erhoben ihre Stimmen. Sie forderten, dass das Findelkind umgehend aus Rabenstein verschwinden müsse, weil es so viel Unglück in den Ort gebracht hatte. Der Hüttenherr hatte jedoch Mitleid mit dem Kind, er wollte nicht zulassen, dass man es verjagen würde. Er hielt den Dorfbewohnern dagegen und drohte mit seinem Stock all denen die es wagen sollten, dem Kleinen etwas zu Leide zu tun.

Eine Bäuerin war währenddessen zum Haus der Buchinger gelaufen. Forschen Schrittes betrat sie es und fand dessen Bewohner mit dem Buben beim Essen vor. Schweigend hatten diese eine magere Suppe gelöffelt und blickten nun überrascht auf. Ohne Umschweife begann die Frau zu schimpfen, bezeichnete den Knaben als Waldschratz und Werkzeug des Teufels. Die Buchingerin ließ ihren Löffel fallen und schlug die Hände vor's Gesicht. Sie hatte das Kind ohnehin nicht aufnehmen wollen und jetzt brachte es nur Ärger. Ihr Mann stand jedoch beherzt auf und scheuchte die zeternde Bäuerin hinaus.

Bei weiteren Aufräumungsarbeiten im Wald fanden drei Männer, an einer abgelegenen Stelle im Unterholz, einen toten Mann, der eine Peitsche in der Hand hielt. Zuerst erschraken sie, fassten sich jedoch schnell und beratschlagten, was zu tun sei. Man hielt ihn für einen Bärentreiber, vielleicht war er sogar der Vater des Findelkindes. Um weiteres Aufsehen im Dorf zu vermeiden, verscharrten sie ihn an Ort und Stelle und erzählten niemandem davon.

Gegen den Willen der Dörfler befahl der Hüttenherr dem Buchinger, das Kind bei sich aufzunehmen. Dieser ging daraufhin mit dem Buben nach Zwiesel, um ihn dort auf den Namen Matthias taufen zu lassen. Vorher wollten sie sich in einem Wirtshaus stärken.

Während der Alte sein Bier trank und sich mit einem anderen Gast unterhielt, beobachtete der Bub einige Vögel in ihren Käfigen. Sie gehörten der Wirtin und hüpften fröhlich umher. Der Junge empfand Mitleid mit ihnen, weil sie so ein beengtes Leben fristen mussten und beschloss kurzerhand, sie zu befreien. Flink öffnete er ein Fenster, gleich darauf den Käfig daneben. Seine gefiederten Freunde erkannten sofort ihre Chance und flatterten in die Freiheit. Noch bevor der Buchinger reagieren konnte, hastete die Wirtin kreischend herbei, griff nach dem Weihwasserkessel und schüttete dessen Inhalt voller Zorn über den Knaben.

Bald darauf befanden sich der alte Buchinger und sein Schützling in der Kirche. Für die Taufe musste der Junge sein Hemd ausziehen und streifte dabei aus Versehen auch seine Alraunwurzel ab, die er um den Hals hängen hatte. Seine Mutter hatte sie ihm einst geschenkt, um ihn vor bösen Dämonen zu bewahren. Sie fiel zu Boden, aber das Kind ließ sie trotz der heiligen Zeremonie nicht aus den Augen.

Sobald die Taufe vollzogen war, griff der kleine Matthias flink nach seiner Wurzel, verlor in der Eile die Hose und rannte nackt aus der Kirche. Verwundert blickten ihm die Männer nach.

Ins Taufbuch wurde der Junge unter dem Namen Matthias Stormberger eingetragen, weil er kurz vor der Sturmnacht gefunden worden war.

Den Buchinger hatte man bereits spüren lassen, wie ungern der kleine Matthias im Dorf gesehen war. Der Alte wusste, dass man dem Kind das Leben schwer machen würde, wo es nur ging. Deshalb beschloss er, es am nächsten Tag mit auf den Schachten zu nehmen.

Schließlich zogen sie durch das Dorf auf die Bergweide hinauf. Die Kühe trabten übermütig vorne weg, voller Freude, dem engen Stall wieder entfliehen zu können. Dabei hallte das unregelmäßige Läuten der Glocken an ihrem Hals durch den Ort. Die Rabensteiner beobachteten das Treiben, einige Zimmerer hielten bei der Arbeit inne. Buchinger und Matthias folgten den Rindern; jeder trug einen frisch abgeschnittenen Haselnuss-Stock und einen Rucksack mit sich, bepackt mit Proviant für die nächste Zeit.

Der Sommer war warm und trocken, es kam zu keinen weiteren Zwischenfällen mit Raubtieren oder stürmischem Wetter. Der Bub war dem Buchinger ein fleißiger Gehilfe und sie lernten sich allmählich besser kennen. Matthias konnte gut mit Tieren umgehen. Nicht nur die Kühe vertrauten ihm, auch eine Lerche und ein Eichhörnchen hatten sich mit ihm angefreundet. Sie saßen auf seinen Schultern und ließen sich für eine Weile mittragen, als die Männer im Herbst nach Rabenstein zurückkehrten. Die Einwohner hatten sich inzwischen beruhigt, duldeten den Jungen im Dorf und nannten ihn schlicht „Hiasl", was die Abkürzung von Matthias war.

Die Wintermonate, wenn es draußen frostig war und schneite, verbrachte Hiasl gerne in der Glashütte. Dort war es warm, er konnte bei der Arbeit zusehen, in der Ecke spielen oder auch gelegentlich mithelfen.

Am Zahltag saßen alle Glasmacher an einem Tisch und warteten darauf, dass der Hüttenherr seine Goldtaler aus einem Säckel schüttete und die Münzen verteilte. Dabei kam es einmal zu einem Streit zwischen zwei Männern und Hiasl beobachtete von seinem Platz hinter dem Ofen aus, dass während der Handgreiflichkeiten ein Goldstück in das vorbereitete Glasgemenge fiel.

Als der Schmelzer, der für die genaue Zusammensetzung des Glases verantwortlich war, später in den Glashafen sah, fand er zu seiner Überraschung Rubinglas vor. Er dachte seine neue Zauberformel, die er am Vorabend ausgesprochen hatte, zeigte endlich Wirkung.

Oft schon hatte er alleine in der Hütte gestanden und mit beschwörenden Gesten aus einem alten Büchlein gelesen, um durch Hexerei das begehrte Rubinglas herstellen zu können. Dann dampfte und rauchte es aus dem Ofen, als würden Geister emporsteigen. Nicht selten wurde dem Schmelzer dabei selbst schaurig zumute und er hoffte inbrünstig, endlich die richtigen Worte gefunden zu haben.

Der Schmelzer freute sich sehr, als er das schöne, dunkelrote Glas im Ofen gefunden hatte. Kurz darauf erzählte ihm der Hiasl, dass es nicht aufgrund der Zauberformeln, sondern durch das Goldstück entstanden war. Außerdem fügte er flüsternd hinzu: „Mit dem Rubinglas und der Glashütte wird es noch ein schlimmes Ende nehmen."

Mit vor Schreck aufgerissenen Augen hörte der Schmelzer zu und versprach, niemandem davon zu erzählen.

Die Jahre gingen ins Land und die Glashütte in Rabenstein erlebte dank des Rubinglases einen ordentlichen Aufschwung. Für alle war genügend Arbeit da und somit waren auch die Angehörigen versorgt.

Der Hiasl wuchs zu einem jungen Mann heran. Als die Buchingerin starb, weinte er um sie, wie um seine eigene Mutter. Auch dem Adoptiv-Vater war gar schwer ums Herz und die Dörfler kamen, um ihr die letzte Ehre zu erweisen.

Bald darauf lernte Hiasl Ludmilla kennen und lieben. Schüchtern und zurückhaltend freundeten sie sich an; es dauerte eine ganze Weile, bis sie sich ihre gegenseitige Zuneigung eingestanden.

Nach langen Jahren starb der Schmelzer, der das Geheimnis um das Rubinglas tatsächlich nie preisgegeben hatte. Er hatte stets zurückgezogen und bescheiden gelebt und dem Hüttenherrn versprochen, ihm das Rezept zu hinterlassen. Nach seinem überraschenden Tod gab sein Arbeitgeber den Befehl, die Hütte des Schmelzers nach einem Schriftstück zu durchsuchen. Auch wollte man das Gold finden, das dem Mann als Lohn bezahlt worden war, das er mit seinem ärmlichen Lebenswandel jedoch unmöglich aufgebraucht haben konnte. Obwohl jedes Brett umgedreht und sogar das Dach abgetragen wurde, konnte beides nicht gefunden werden, denn das Gold hatte er für die Herstellung des Rubinglases verwandt; sein Geheimnis nahm er mit ins Grab.

Nun fragte man den Hiasl, ob er nicht eine Idee hätte. Aber er gab sein Wissen nicht preis, sondern prophezeite dem Hüttenherrn ein bitteres Ende. Dieser wollte nichts davon hören und wehrte den Seher erschrocken ab.

Über die Jahre zog Hiasl viele Sommer mit seinem Adoptiv-Vater auf die Schachten. Als sie eines Abends vor ihrer Hütte auf einer Bank saßen, sagte der Jüngere düstere Zeiten voraus, die er ganz hinten am Abendhimmel auf die Menschheit zukommen sah.

Buchinger lauschte gespannt, während der junge Mann langsam davon erzählte: „Überall sehe ich Tod und Verderben, nicht nur die Menschen, sondern auch die Tiere und Pflanzen werden sterben. Der Gesang eines Vogels wird die Leut' von weit herkommen lassen, damit sie ihm lauschen können. Eine schreckliche Zeit wird es sein, welche nur diejenigen überleben, die sich auf dem Hennenkobel[1] versammeln werden. Und du," sagte er zu dem Alten neben sich und blickte ihn sorgenvoll an, „solltest lieber die Finger vom Schnaps lassen, denn er könnte dich einmal ums Leben bringen."

Beide verweilten noch einige Zeit und hingen ihren eigenen Gedanken nach, bevor sie sich zur Nachtruhe auf ihre spartanischen Lager zurückzogen.

---

1 Berg bei Rabenstein

Im nächsten Jahr wollte man den Buchinger nicht mehr als Stierhüter auf den Schachten gehen lassen. Stattdessen sollte er am Pocher arbeiten, einem großen Gerät, das Quarzbrocken zu feinem Sand klopfte, den man für die Glasherstellung brauchte. Diese Tätigkeit ließ den Mann stumpfsinnig werden und er verfiel dem Alkohol. Als er wieder einmal betrunken um die Maschine wankte, stolperte er über einen Stein, stürzte hinein und wurde zu Tode gestoßen.

Hiasl suchte Trost bei seiner Ludmilla, mit der er sich in so mancher Mondnacht heimlich traf. Dafür scheute er nicht den weiten Weg vom Schachten herunter und wieder zurück. Wenn sie glücklich in seinen Armen lag und er sie zärtlich küsste, waren alle Strapazen und Sorgen vergessen.

Das Rubinglas hatte dem Hüttenherrn großen Reichtum gebracht. Nach dem Ableben des Schmelzers konnte wieder nur das bräunliche Glas geschmolzen werden, das niemand haben wollte. Die Aufträge wurden weniger und die Arbeit knapp. Tag und Nacht war der Hüttenherr damit beschäftigt, das Rätsel zu entschlüsseln und für neuen Aufschwung zu sorgen. Die vielen Fehlversuche und der schwindende Wohlstand brachten ihn um den Verstand. In seinem Wahnsinn glaubte er eines Tages fest daran, dass das Blut einer Jungfrau in das Glasgemenge fließen müsste. Er holte seinen Säbel aus der Truhe und bedrohte damit die Familie und Ludmilla, welche als Dienstmagd bei ihm tätig war. Während Frau und Sohn sich mit einem Sprung aus dem Fenster retten konnten, stach er der jungen Angestellten mitten ins Herz. Gleich darauf lief er zur Glashütte und steckte sie in Brand.

Im Dorf wurde schon immer gemunkelt, dass Hiasl das Geheimnis um das Rubinglas wusste. Er war die letzte Hoffnung, das Überleben der Glashütte und ihrer Arbeiter zu sichern. Als er eines Abends in die Dorfschänke kam, bestürmten ihn die Männer. Doch trotz Androhung von Schlägen und dem Festsetzen im Gefängnis verriet er das Rezept nicht.

Auch der Hüttenherr war eingesperrt worden; er kam nicht mehr aus der kalten Zelle heraus, sondern starb dort vom Wahnsinn übermannt.

Hiasl vertrieb sich die Zeit hinter Gittern damit, Ratten und Mäuse zu dressieren. Als er dem Landrichter vorgeführt wurde, brachte er die kleinen Nagetiere mit und ließ sie umher laufen. Der Amtsdiener sprang erschrocken auf einen Stuhl, während der Richter entsetzt die Beine hoch zog und mit einem Stock wild um sich schlug. Noch bevor er den Hiasl wieder in den Kerker zurückbringen lassen konnte, prophezeite ihm dieser, dass seine Frau ihm zur Kirschblüte ein Mädchen gebären würde. Da die Ehe schon seit Jahren kinderlos geblieben war, schenkte der Richter dieser Aussage keinen Glauben.

Wenige Tage später war der Gefangene entflohen und spurlos verschwunden.

Die Glashütte war abgebrannt. Nur noch ein paar Ziegelsteine und Balken zeugten von ihrem früheren Standort. So wie der Hiasl schon als Junge prophezeit hatte, konnte kein Tröpferl Glas mehr gemacht werden. Die Glasmacher mussten sich eine andere Arbeit suchen oder ausziehen, um in Glashütten im Bayerischen und Böhmischen Wald eine neue Stellung zu finden.

Niemand wusste wohin der Hiasl gegangen war. Vielleicht hatte er sich auf einem Pferdekarren verstecken und somit unbemerkt die Gegend verlassen können.

Alsbald tauchte er in Deggendorf auf. Dort schlenderte er durch die betriebsamen Gassen, schaute einem Schmied bei der Arbeit zu und traf auf einige Fuhrleute. Dem Wagenlenker eines großen Gespanns sagte er schlechte Zeiten voraus: Ein Rad würde unterwegs brechen und bald darauf fände er den Tod durch den Tritt seines Pferdes.

Ein Stück weiter des Weges kam er mit einem Händler ins Gespräch. Er prophezeite ihm Erfolg und Ansehen – eine goldene Zukunft würde ihn erwarten. Daraufhin belohnte ihn der Mann mit einem Geldstück.

Hiasl wanderte frohen Mutes aus der Stadt hinaus und hoffte darauf, bald eine Bleibe zu finden.

Schließlich verschlug es ihn nach Windberg, ein schön gelegenes Dorf an der westlichen Flanke des Bayerwaldes, nahe Straubing. Dort gab es ein Kloster, in dem er als Stierhüter Arbeit fand. Die Rinder waren sehr ungestüm und kaum zu bändigen, sodass die jungen Männer des Dorfes alle Mühe hatten, sie im Zaum zu halten. Hiasl jedoch verbrachte nur kurze Zeit mit den Tieren und schon folgten sie ihm wie brave Lämmer auf die Klosterweide. Während er voranschritt, bummelten sie hinter ihm her und die Dorfbewohner samt Pfarrer verfolgten erstaunt den Viehauftrieb.

Des Nachts, wenn der Hiasl einsam seinen Gedanken nachhing und der Mond auf ihn herunter schien, wurde er so manches Mal von fürchterlichen Vorhersehungen geplagt. Er konnte oft selbst nicht glauben was er sah und rief es laut in die Dunkelheit hinaus. Als er einmal vom „großen Abräumen" sprach, bei dem der Tod reiche Ernte halten, unter jedem Baum ein Toter liegen und auf jedem Weg ein Krüppel gehen würde, belauschte ihn ein Klosterbruder. Dieser fiel nieder auf seine Knie und schlug die Hände überm Kopf zusammen. Er wollte nicht hören, was der Stierhüter vom Bösen erzählte, das zu den Menschen in einer fremden Sprache sprechen würde und dass es eines Tages keine Glocken mehr gäbe, die in den Kirchen erklängen. Der Mönch zitterte vor Angst und lief ins Tal, um seinem Abt davon zu berichten.

Eines Tages fand Hiasl einen verwundeten Wilderer, der von den Klosterjägern angeschossen worden war. Er brachte ihn in seine Hütte, um ihn mit pflanzlichen Heilmitteln gesund zu pflegen. Bevor der Mann wieder nach Hause ging, prophezeite ihm sein Helfer von schlimmen Zeiten, die über das Land fegen würden wie die „Wilde Jagd" über den Nachthimmel.

Als der Wilderer dies nicht glauben wollte, sagte Hiasl: „Wirst schon sehen, das ist genauso wahr, wie dich heute noch, auf dem Weg durchs Dorf, ein hinterhältiger Ziegenbock auf die Hörner nehmen wird. Und wenn du auf dem Weg nach Schwarzach bist, wird dir deine Schwägerin entgegen gelaufen kommen und dir davon berichten, dass ihr Mann von den Klosterjägern zur Strecke gebracht worden ist."

Daraufhin machte sich der Wilderer auf den Weg und ihm passierte alles genauso wie es der Hiasl vorhergesehen hatte.

Bald verbreitete sich die Kunde vom Wunderheiler; viele kranke Menschen pilgerten zu seiner Behausung auf der Klosterweide und er war gerne bereit, den Leidenden zu helfen. Egal ob ein eitriger Zehennagel oder eine ausgerenkte Schulter – er wusste genau, wie man der Sache beikommen konnte.

Der Abt von Windberg war alt und bettlägerig. Trotzdem wurden ihm Berichte von Hiasls Treiben zugetragen, welche ihm nicht gefielen. Er wollte es nicht dulden, dass sich der Stierhüter als Quaksalber betätigte und gelegentlich sein zweites Gesicht den Menschen offenbarte. Unruhig wälzte er sich deshalb des Nachts in seinem Bett. Schließlich befahl er ihn zu sich und schimpfte mit ihm. Dieser konnte jedoch nicht umhin, dem Klostervorsteher eine unglaubwürdige Zukunft zu prophezeien.

Hiasl sagte mit düsterer Stimme zu ihm: „Ich sehe Pater aus dem Kloster ziehen und Frauen und Kinder aus den Fenstern winken. Große Häuser werden die Donau hinab schwimmen und Menschen können auf dem Mond spazieren gehen. Der christliche Glaube wird ganz klein werden und man wird ihn im Schrank verstecken."

Daraufhin wurde der Hüter vom Kloster verjagt. Kurzentschlossen wanderte er hinunter ins Tal zum Müller von Apoig. Dies war der Wilderer, dem er vor einiger Zeit geholfen hatte. Er wollte ihm gerne Arbeit geben und schnitt ihm auch die Haare, die schon arg verwildert aussahen.

Am Feierabend saß Hiasl gerne vor dem Haus und lauschte dem plätschernden Bach und dem davon angetriebenen Mühlenrad. Hunderte von Vögeln kamen herbei, um ihm Gesellschaft zu leisten. Durch die Arbeit in der Mühle wurde er fortan Mühlhiasl genannt.

Die Nachbarsmagd hatte sich sehr in den Mühlhiasl verliebt. Mit allen Mitteln versuchte sie ihn zu verführen, aber er gab dem Werben nicht nach. Er hielt sie für seine Schwester, weil sie bei der Arbeit häufig ein fremdes Lied sang, das ihn an seine Kindheit erinnerte. So wurden auch ihre nächtlichen Tänze ohne Kleider, auf einer abgelegenen Lichtung, nicht von ihrem Angebeteten verfolgt, sondern von einem listigen Jägersmann beobachtet. Als dieser im Morgengrauen heim kam, stand die Haustür sperrangelweit offen und sein Ackergaul tappste durch die Stube. Der Knecht hatte das Pferd am Vorabend nicht mehr versorgt, weshalb es sich selbständig machte. Gerade als der Mann es in den Stall bringen wollte, kam der Hiasl des Weges. Eifrig erzählte er ihm von dem Ereignis und wunderte sich, wo seine Frau sein mochte.

Daraufhin sagte ihm der Mühlhiasl: „Während deiner Streifzüge hat der Knecht deiner Frau den Hof gemacht. Nun sind beide fort, sie wird jetzt die Hosen des Anderen waschen. Außerdem haben sie große Pläne – sie werden bald „ins Amerika" auswandern. Aber das Schicksal hat etwas anderes vor, denn ihr Schiff wird im Sturm sinken – Mann und Maus wird es in den Tod ziehen."

Wenige Nächte später schlich der Jäger wieder auf der Spur der Magd. Sie war auf einen hohen Felsen geklettert, zog sich aus und tanzte ein letztes Mal. Weil ihr inzwischen klar geworden war, dass sie den Mühlhiasl nicht für sich gewinnen konnte, stürzte sie sich verzweifelt in die Tiefe.

Nach langen Wanderjahren zog es den Mühlhiasl wieder nach Rabenstein zurück. Er wurde in die Gemeinschaft aufgenommen und verdingte sich wieder als Stierhüter und Aschenbrenner[2].

Wenn im Winter abends die Dorfleute beisammen saßen, kam er auch dazu und erzählte von seinen Erlebnissen. Einmal hatte er wieder sein „zweites Gesicht" und sagte den Zuhörern mit dunkler Stimme: „Männer mit roten Jankern werden über das Waldgebirge hereinbrechen – schon bald. Auf ihren Pferden werden sie schnell sein, rauben und morden und viel Unheil anrichten."

Einer Bäuerin prophezeite er: „Auch dein Kind werden sie mitnehmen, aber du brauchst dich nicht sorgen, denn ich werde es retten."

Mit vor Schrecken aufgerissenen Augen starrten die Dörfler auf den Hiasl. Sie konnten nicht recht glauben, was er ihnen einredete. Um seinen Worten Gewissheit zu verleihen, nahm er ein glühendes Stück Holz aus dem Ofen und reichte es einem Bauern. Er forderte ihn auf: „Nimm es und verbrenn dich nicht."

Der andere fuhr jedoch erschrocken zurück und fürchtete sich. Die Hütte schien vor Spannung zu bersten. Den Einwohnern war so gruselig zumute, dass sie das Gefühl hatten, die Stimme des Hiasl würde aus den Balken der Wände und der Zimmerdecke zu ihnen sprechen.

Ohne Worte warf Hiasl das Holzstück zurück ins Feuer; seine Hand zeigte tatsächlich keine Brandwunde. Unfassbar war dies für die Beobachter – der Hiasl wurde ihnen immer unheimlicher. Für diesen Beweis zollten sie ihm jedoch einen gewissen Respekt und blickten ängstlich in die Zukunft.

---

2 Zur Herstellung von Glas brauchte man Pottasche. Diese wurde von den Aschenbrennern aus der Asche von Bäumen, bevorzugt Buchen, gewonnen.

Einen Schachten mit besonders saftigem Gras beanspruchten die Rabensteiner für sich. Auch das Nachbardorf wollte dort seine Rinder grasen lassen und trieb sie hinauf. Aber der Mühlhiasl war schon anwesend und hatte seine Stiere dressiert – sie reagierten auf jeden Pfiff von ihm. Als nun die Nachbarn dort eintrafen, gab Hiasl seinen Tieren zu verstehen, dass sie die Eindringlinge verjagen sollten. Der Hüter vom anderen Dorf rannte um sein Leben; seine Rinder galoppierten hinter ihm her. Endlich im Dorf angekommen erzählte er völlig außer Atem, dass oben auf der Weide der Teufel unterwegs wäre und er dort Stiere mit glühenden Augen gesehen hätte.

Die Rabensteiner Frauen waren recht streng mit ihren Männern. Nicht selten schimpften sie mit ihnen und bald fiel den Weibern ein, dass ihre Männer nicht mehr ins Wirtshaus gehen durften. Damit war das Maß voll und die Arbeiter und Bauern beschlossen, den Mühlhiasl um Rat zu fragen.

Dieser grinste verschmitzt, als er von dem leidigen Problem erfuhr und sagte: „Bringt mir einen Schemel aus neunerlei Holz. Wenn ich darauf in der Kirche sitz', kann ich unter den Weibern die Hexen erkennen."

Nicht nur die Männer waren eingeweiht; hinter vorgehaltener Hand verbreitete sich die Neuigkeit schnell wie ein Lauffeuer. Bis zum folgenden Sonntag wusste das ganze Dorf über Hiasls Vorhaben Bescheid. Überaus neugierig strömten die Einwohner zur Messe. Jeder wollte hautnah miterleben, welche der Frauen als Hexe denunziert würde. Nachdem alle im Kirchengestühl Platz genommen hatten und gespannt warteten, kam der Mühlhiasl durch die knarrende Tür, schritt behende nach vorne und setzte sich vor dem Altar auf den mitgebrachten Schemel. Er blickte schweigend in die Runde – es war mucksmäuschenstill. Da fing er an, nacheinander auf die Frauen zu deuten. Diese konnten nicht glauben, dass sie für Hexen gehalten wurden, sprangen entsetzt auf und liefen davon oder schrien hell auf, um ihre Unschuld zu bekunden. Die restlichen bekreuzigten sich und beteten innig zu ihrem Herrgott.

Von diesem Tag an kehrte Ruhe ins Dorf ein. Kein Schimpfen und Meckern war mehr zu hören, der Stammtisch im Wirtshaus traf sich zur gewohnten Stunde. Allmählich schmeichelten sich die Frauen wieder bei ihren Männern ein.

Nachdem die Stierherde, die unter Hiasls Schutz stand, mehrfach von einem Bären angegriffen worden war, beschloss er das Untier zu vernichten. Mit einem Messer bewaffnet suchte er seine Höhle und lauerte dem Bären auf. Während des ungleichen Kampfes gelang es dem Hüter mehrfach zuzustoßen, doch brachte ihm das Tier sehr heftige Verwundungen bei, sodass der Mann den ganzen Winter über an dem Ort verweilen musste, bis er wieder genesen war.

Arg verdreckt und verwildert kehrte der geschwächte Mühlhiasl im Frühjahr nach Rabenstein zurück. Die Einwohner erkannten ihn anfangs nicht und wollten ihn aus dem Dorf jagen. Aber er ließ sich nicht vertreiben; nur langsam gewann er das Vertrauen der Dörfler zurück.

Als sie eines Abends gemeinsam in der Runde saßen, prophezeite er ihnen ein letztes Mal. Um seine Aussage zu bekräftigen, fügte er am Schluss hinzu: „Das ist so wahr, als dass ich euch noch ein Zeichen geben werde, wenn ich schon tot bin."

Der alte Seher verabschiedete sich und zog in den Wald. Die Zurückgebliebenen diskutierten voller Euphorie und Sorge über die Weissagungen.

Am nächsten Tag fand man den Mühlhiasl tot unter der gleichen Buche, wo er schon als Kind gefunden worden war. Die Tiere hatten sich um ihn versammelt und trauerten um ihn.

Nun hatte er sein oft schweres Leben überstanden und seine Augen waren leer geweint.

Der Leichnam des Mühlhiasl wurde in einen schlichten Holzsarg gelegt und mit einem Ochsengespann nach Zwiesel zum Friedhof gefahren. Auf dem Weg dorthin brach ein Rad vom Wagen, der Sargdeckel verrutschte und die Hand des Toten zeigte gen Himmel. Die Dorfleute, die den Leichenzug begleiteten, sahen erschrocken was passiert war und stimmten darin überein, dass dies das vorhergesagte „Zeichen" sein musste. Sie sprachen eilig ein „Vater Unser" und glaubten fest an die Prophezeiungen des Waldpropheten.

Die bekanntesten Weissagungen des Mühlhiasl

Interpretiert vom Glasmaler Rudolf Schmid

Es heißt, dass der Mühlhiasl von seinen Zeitgenossen oft bestürmt und gefragt wurde, wann denn das, was er da prophezeit, auf die Menschen zukäme.

Er antwortete den Leuten: „Die Zeit wird kommen, wenn die Menschen nichts mehr glauben."

Diesen Ausspruch habe ich versucht, mit einer Gliederpuppe bildlich umzusetzen. Eine Gliederpuppe benutzt der Künstler zum Proportionszeichnen. Mitunter liegt sie wochenlang herum, bis ich sie wieder brauche. Ich meine, wenn Menschen mit Gott so umgehen wie ein Maler mit seiner Gliederpuppe, dann glauben sie nicht.

Weiter heißt es: „Die Zeit wird reif sein, wenn der Bauer mit polierten Stiefeln im Kuhstall steht."

Im Hintergrund zeichnete ich einen Stall, aus der Mauer desselben lasse ich Bäume herauswachsen, die den Bayerischen Wald darstellen sollen.

„Wagen werden einmal gebaut, die ohne Pferd und Deichsel fahren. Ein eiserner Hund wird durch den Wald bellen."

Damit könnten das Auto und die Eisenbahn umschrieben gewesen sein, denn die Bezeichnungen der technischen Errungenschaften wusste der Hiasl natürlich nicht. Mit einem „weißen Fisch" am Himmel dachte er vielleicht an einen Zeppelin.

„Wenn auf dem Zwiesler Kirchturm Bäume wachsen, wird eine ganz schlimme Zeit kommen."

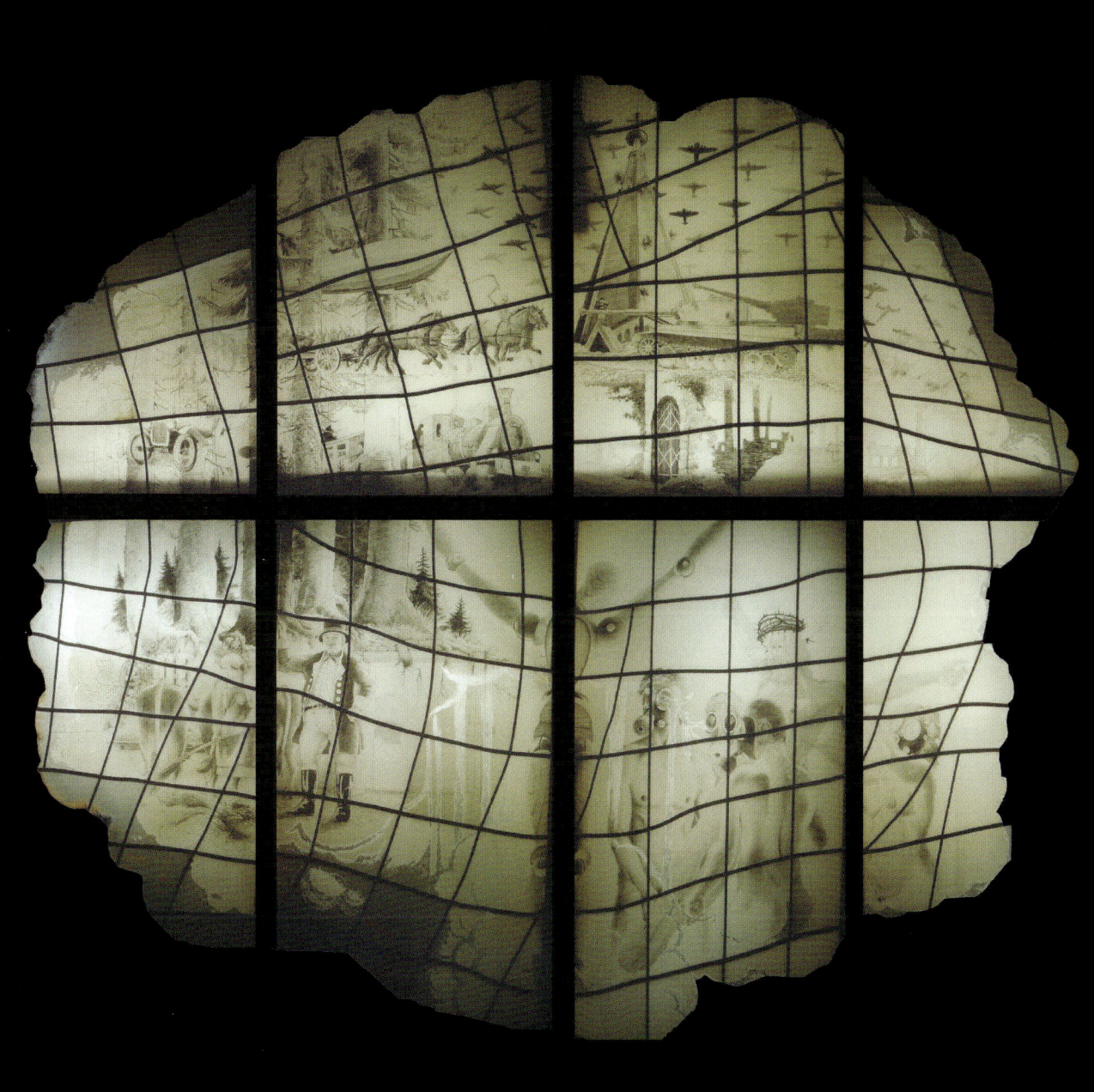

Vor dem zweiten Weltkrieg sind Birken auf dem Turm gewachsen. Ich zeichnete Kriegserinnerungen aus meiner Kindheit, in der ich den Himmel voller Bomber erlebte und große Angst ausstand.

„Die Menschen, die diese schlimme Zeit überstehen wollen, müssen eiserne Schädel aufhaben."

Ich dachte mir, dass dabei Gasmasken oder Stahlhelme gemeint waren, wie sie in den letzten Kriegen benutzt wurden.

„Jene aber, die diese Zeit überstanden haben, werden geläutert sein und sich wieder miteinander vertragen. Sie werden die menschlichen Werte hochhalten und wieder zum Glauben zurückfinden."

Hierzu stellte ich eine Gruppe „Überlebender" dar, die einen Corpus Christi tragen. Sie bringen den Gekreuzigten, das Symbol ihres echten Glaubens, an seinen richtigen Platz zurück. Wobei ich auch hier versuchte meine Gedanken bildlich umzusetzen. Dem Heiland zeichnete ich lebendige, offene Augen ins Gesicht. Er schaut vorwurfsvoll auf uns herab, die wir das Bild betrachten, und ich möchte damit sagen: dass, obwohl der Sohn unseres Gottes sich für uns aufgeopfert hat, wir Menschen nicht viel daraus lernten. Nach wie vor gibt es rund um die Welt Krieg, Hass und Neid, auch unter denen, die vorgeben im Sinne eines Gottes zu leben. Sie segnen ihre Waffen, Menschen, die sich christlich nennen, horten ein Wahnsinns-Arsenal von alles vernichtenden Waffen, zerstören täglich gedankenlos ihren Lebensraum, ihre Umwelt, um ihre überzogenen Bedürfnisse befriedigen zu können. Abschließend möchte ich die Frage stellen: „Geht es denn wirklich nicht anders? Muss immer erst etwas Schlimmes geschehen, damit wir Menschen zur Vernunft kommen?"

Mühlhiasl-Glaswand „Leben und Prophezeiungen" (10 x 7 Meter)

Der Illustrator Rudolf Schmid

- 1938 in Deggendorf geboren
- Besuchte die Glasfachschule Zwiesel.
- Während seiner Wanderjahre durchlief er 17 verschiedene Arbeitsstellen – vom Glasmaler bis zum Bauhilfsarbeiter – und machte sich schließlich 1968 selbständig.
- 1980 begann er mit der Gestaltung der „Gläsernen Scheune" und arbeitete zwanzig Jahre intensiv daran.
- Noch immer künstlerisch aktiv, kann er auf eine erfolgreiche Karriere zurückblicken.

Die Autorin Barbara Thöner

- wurde als drittes Kind von Rudolf und Margarete Schmid 1969 in Deggendorf geboren.
- Die gelernte Glasmalerin betreibt mit ihrem Mann Franz seit dem Jahr 2000 die Gläserne Scheune.
- 2005 begann sie ihre schriftstellerische Karriere und hat sich inzwischen als erfolgreiche Autorin etabliert.
- Das vorliegende Buch ist ihr sechstes Werk und eine Homage an ihren Vater.

www.barbara-thoener.de

Sollten Sie auch kennen ...
77 mystische Ausflugsziele im Bayerischen Wald und Böhmerwald
geheimnisvoll – abenteuerlich - besonders

Dieser wunderbare Bildband stellt Ihnen 77 geheimnisvolle und besondere Orte im Bayerischen Wald und im Böhmerwald vor – viele von Ihnen werden sie noch in keinem Ausflugsführer finden. Diese ausgewählten Ziele sprechen besonders Familien mit Kindern an, die das Abenteuer suchen und auch Menschen die Geschichtliches lieben. Und wer aus gesundheitlichen Gründen die geheimen Orte, wie den lavendelblauen Felsen von Neureichenau oder die geheimnisvolle Kirche der Heiligen Magdalena in Velhartice, auf deren Außenwand seit Jahrhunderten bei feuchter Witterung ein Mädchengesicht erscheint, nicht mehr aufsuchen kann, wird über die wunderbaren Fotos den Ausflug gedanklich unternehmen und in Erinnerungen schwelgen können.

Bildband und Kulturreiseführer mit GPS-Daten -   **ISBN 978-3-95511-053-6**   14,90 Euro

Die schönsten Ausflugsziele
Von Straubing bis Furth im Wald Do schau her! Band 8

Die Rundtour führt vom historischen Marktplatz in Straubing über Sankt Englmar, Viechtach, Furth im Wald, Bad Kötzting nach Cham. Jeder Ort wird ausführlich beschrieben, von der Historie her und was es heute dort zu sehen gibt. Eine Landkarte mit der eingezeichneten Tour rundet den Kulturreiseführer ab. So kann die hügelige und kurvenreiche Strecke mit Bus, Auto oder Motorrad nachgefahren werden.

Der Besucher wird zu Burgen und Schlössern, barocken Kirchen und Kapellen, Glaskünstlern, romantischen Seen und interessanten Sehenswürdigkeiten geführt.

Unter der Überschrift „Essen und Übernachten" stellen wir ausgewählte Gasthöfe, Restaurants und Hotels vor.

ISBN 978-3-941457-55-3   11,95 Euro

Die in diesem Buch abgebildeten Fotos finden Sie als monumentale Glaswand in der ...